Die ersten Menschen

ausgedacht von
Jean-Philippe Chabot
und Dominique Joly
illustriert von
Donald Grant
übersetzt von
Salah Naoura

MEYERS LEXIKONVERLAG

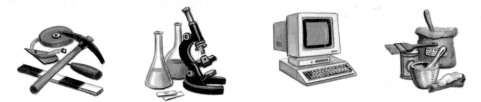

Das alles wird bei Ausgrabungen und im Labor gebraucht.

Über die ersten Menschen wissen wir nicht viel.
Es gibt nur wenige Spuren, die uns etwas über sie erzählen.

Figuren und Werkzeuge   Stoff   Versteinerungen   Knochen

Bei Ausgrabungen findet man ihre Knochen,
behauene Steine und Fußabdrücke.

Je tiefer man gräbt, desto älter
ist das, was gefunden wird.

Die Entwicklung
des Menschen von heute
hat über drei Millionen
Jahre gedauert.

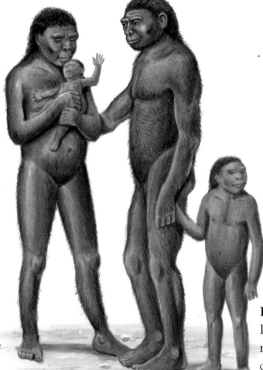

Homo habilis
Der Homo habilis
stellte schon einfache
Werkzeuge her.

Homo erectus
Der Homo erectu
nutzte als Erster
das Feuer.

Unsere frühen Vorfahren ähnelten noch den Affen,
mit denen wir entfernt verwandt sind.

Homo sapiens
Der Neandertaler
konnte selber
Feuer machen.

**Homo sapiens
sapiens**
Der Cro-Magnon-
Mensch bemalte
Höhlenwände.

Langsam wurde der Mensch uns immer
ähnlicher: Er wuchs und die Größe seines Gehirns nahm zu.

Während der langen Entwicklung des Menschen
veränderte sich das Klima immer wieder:
Es gab mehrere Eiszeiten und ganze Gebiete
waren von Gletschern bedeckt.

- Australopithecus
- Homo habilis
- Homo erectus
- Homo sapiens

Unsere frühesten Vorfahren
lebten in Afrika.
Nach und nach verbreiteten
sie sich über alle Kontinente.
Auf der Karte kannst du sehen,
wo man ihre Spuren gefunden hat.

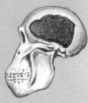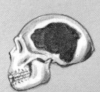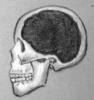

Innerhalb von drei Millionen Jahren hat sich
die Größe des menschlichen Gehirns verdoppelt.

Anfangs wussten die Menschen nicht,
wie man Feuer entfacht.
Aber manchmal fanden sie es durch Zufall.

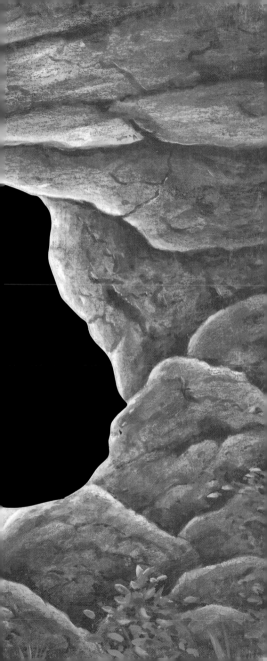

Als der Mensch lernt
wird sein Leber

Fe
erzeu

Das Feuer erleuchtet die Höhle.
Es wärmt, dient zum Kochen
und hält die wilden Tiere ab.

Bär   Bison   Wollnashorn   Säbelzahntiger

Unsere Vorfahren lebten in Gruppen.
Gemeinsam suchten sie nach Nahrung
und gingen auf die Jagd.

Sie sammelten Früchte.

Sie fischten im Fluss.

Rentier Pferd Wildschwein Auerochse

Zuerst hatten die Menschen noch keine Dörfer.
Sie zogen durch das Land und blieben
in der Nähe der Tiere, um zu jagen.

In den Eiszeiten lebten die riesigen Mammuts.
Die Menschen fingen sie in großen Fallen.

Steinspitzen für
Pfeile und Lanzen

Harpunen und
Angelhaken aus
Knochen

Halsketten aus
Muscheln und
Tierzähnen

Die Waffen und Werkzeuge werden
aus Steinen zurechtgehauen.

Am Lagerplatz enthäuten
die Jäger das Wild
und zerlegen es.
Dann bereiten sie das Fleisch zu.

Mit heißen Steinen wird Wasser erhitzt.

Wie stellten die ersten Menschen ihre Kleidung her?

Aus Knochen schnitzten sie dicke Nadeln und bohrten ein Loch hinein.
Dann polierten sie die Nadeln. Das erleichterte das Nähen.

Mit diesem Stein wurden die Löcher gebohrt.

Tierhäute spannte man zum Trocknen auf.

Dann wurden sie abgeschabt und gesäubert.

Die Kleidung aus Fell war schön warm.

Diese Kette ist aus Elfenbein und gefärbten Steinen.

ein Bohrer

ein verzierter Kamm

eine Talglampe

Beil und Sichel
aus poliertem Stein

ein Weidenkorb
und ein Tonkrug

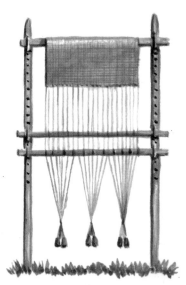

ein Mühlstein

ein Webstuhl für Wolle oder Flachs

Die Menschen
der letzten Eiszeit
waren schon
richtige Künstler.

Sie schnitzten Figuren
und bemalten die Wände
großer Höhlen.

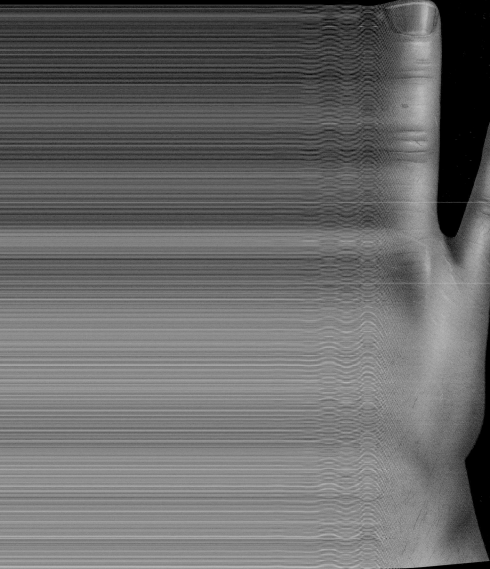

Hier hat jemand
schwarzes Pulver durch ein Röhrchen
über seine Hand gepustet.

Vor etwa zehntausend Jahren
wird es wieder wärmer. Das Eis schmilzt …

... und die Wälder dehnen sich aus.

Die Menschen fangen wilde Tiere
und züchten sie.
Nun brauchen sie nicht mehr zu jagen.

Die ersten Haustiere sind
Rind, Schwein, Schaf, Ziege und Hund.

Die ersten Nutzpflanzen sind Weizen und Gerste.
Das Korn wird gemahlen und gegessen.
Aus Hanf und Flachs weben die Menschen Stoffe.

Mit Ackerbau und Viehzucht
beginnt für die Menschen
ein neues Leben.

Aus Holz und Erde werden Häuser mit Strohdächern gebaut. Die ersten Dörfer entstehen. Die Menschen ziehen nicht mehr umher, sondern bleiben bei ihren Feldern und Herden. Sie sind sesshaft geworden.

In der gleichen Reihe sind erschienen:

Meyers kleine Kinderbibliothek/Licht an!

© 1997 Bibliographisches Institut & F. A. Brockhaus AG, Mannheim
für die deutsche Ausgabe C

Das Werk wurde in neuer Rechtschreibung verfasst.

Titel der Originalausgabe: La préhistoire
© 1996 by Éditions Gallimard
Printed in Italy
ISBN 3-411-09741-8

Natur

Technik

Wissen

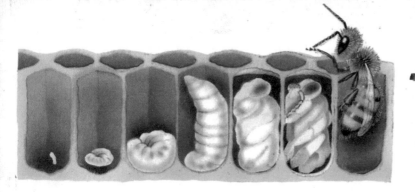

Weißt du, woraus man Häuser bauen kann?

Willst du das Leben in einem Indianerdorf

kennen lernen? Und wie sieht ein Bienenstock von

innen aus? Das alles und

noch viel mehr erfährst

du in den Büchern von

„Meyers kleiner Kinderbibliothek".

MEYERS LEXIKONVERLAG

Mannheim · Leipzig · Wien · Zürich